LA FACILE GUIDA PER PRINCIPIANTI

PER IMPARARE A PROGRAMMARE

IN PYTHON.

Contenuto

3

5

Introduzione a Python

Python, un popolare linguaggio di programmazione di alto livello per scopi generali. È stato sviluppato dalla Python Foundation dopo essere stato creato da Guido van Possum nel 1991. Con la sintassi di programmazione progettata per rendere il codice più facile da leggere, i programmatori possono esprimere i propri pensieri con meno codice.

Il linguaggio di programmazione Python consente un lavoro più rapido e un'integrazione del sistema di maggior successo.

Le versioni di Python più utilizzate sono Python 2 e Python 3. Le due sono molto diverse.

Twitter è un linguaggio dinamico compilato e interpretato tramite bytecode. I tipi di variabili, parametri, funzioni e metodi non sono dichiarati nel codice sorgente. Si sacrifica il controllo del tipo in fase di compilazione del codice sorgente, ma così facendo si ottiene un codice breve e flessibile.

Descrive Python.

Guido van Possum ha sviluppato negli anni 80 il linguaggio di programmazione universale Python, che nel 2023 diventerà il linguaggio di programmazione più popolare al mondo perché è molto flessibile, adattabile e adatto ai principianti.

Il linguaggio di programmazione più utilizzato e più semplice da imparare è Python. Offre una comunità forte e risorse esperte, nonché un'ampia gamma di opportunità di lavoro in tutti i settori e professioni. Secondo le classifiche PYPL e TIOBE, Python ha superato il C diventando il principale linguaggio di programmazione nel giugno 2023.

• Python è progettato per una vasta gamma di applicazioni e non per risolvere problemi specifici, come:

• Automazione, scienza dei dati, sviluppo web, sviluppo software, analisi

È facile da usare e insegnare Python.

Grazie alla sua facilità d'uso e comprensibilità, Python è una scelta adatta per i principianti. Il linguaggio ha la sintassi più semplice tra tutti i linguaggi di programmazione oggi in uso, rendendolo il più accessibile. Inoltre, il linguaggio naturale ha la precedenza su tutti gli altri linguaggi di programmazione. La facilità d'uso e di comprensione di Python ti consente di creare ed eseguire routine molto più velocemente rispetto ad altri linguaggi di programmazione. La popolarità di Python è cresciuta in modo significativo, in parte grazie alla facilità con cui i programmatori di tutti i livelli possono comprendere e creare codice.

Usa Python nello sviluppo web
Secondo gli esperti di sviluppo web, Python è considerato uno dei linguaggi di programmazione più utili. La disponibilità delle sue diverse applicazioni con soluzioni pronte all'uso per attività di sviluppo web di base aumenta la velocità di un singolo progetto.

Linguaggio di programmazione versatile
Python è noto per la sua adattabilità, che consente di utilizzarlo per varie attività. Esploriamo i casi d'uso di Python in modo più dettagliato.

Apprendimento automatico e visualizzazione dei dati.
Python può essere utilizzato per visualizzare i dati sotto forma di grafici a torta, istogrammi e grafici a

barre e a linee. Inoltre, puoi gestire la scienza dei dati in modo più efficiente utilizzando framework Python come Tensor Flow.

Statistiche analitiche

Python semplifica l'esecuzione di calcoli statistici difficili e ti fa risparmiare tempo e fatica durante l'elaborazione e la valutazione.

Il linguaggio è ampiamente utilizzato nella scienza dei dati.

Qualunque percorso tu scelga, i dati continueranno a essere importanti per il settore IT. Attualmente, Python è ampiamente utilizzato nella scienza dei dati. Gli esperti che utilizzano le moderne tecnologie di analisi dei dati dovrebbero acquisire familiarità con linguaggi di programmazione come Python, poiché la quantità di dati generati da questi strumenti aumenta ogni giorno. Per sfruttare le ultime tecnologie all'avanguardia, i professionisti dei dati devono anche rimanere al passo con gli sviluppi del settore.

Una vasta gamma di edifici e biblioteche.

Python è particolarmente popolare perché offre agli sviluppatori l'accesso a dozzine di moduli e framework diversi. Grazie a queste librerie e framework, il linguaggio è più utile perché richiede meno tempo. NumPy, SciPy, Django e altre librerie, utilizzate per varie applicazioni, sono alcune delle librerie Python più conosciute.

Automatizza attività e script

Python è particolarmente utile se desideri aumentare la produttività automatizzando o creando script di operazioni ripetitive. Con Python puoi velocizzare diverse cose, incluso

- Riconoscere gli errori
- convertire file
- E-mail inviate
- Scoperta di contenuti Internet
- Eliminazione dei dati ridondanti
- calcolo matematico rudimentale

Gli strumenti di apprendimento automatico potrebbero utilizzare Python.

Python viene utilizzato nella ricerca sui big data e sull'apprendimento automatico per far avanzare questi campi. Python è molto utile nel settore dell'intelligenza artificiale e viene utilizzato anche nella scienza dei dati, nella robotica e in altri ambiti di crescita tecnologica.

Python nell'istruzione

Nei corsi universitari e universitari c'è una crescente enfasi sulla lingua. Python è così spesso utilizzato in campi come la scienza dei dati, l'intelligenza artificiale, il deep learning e altri, il che spiega il perché. Inoltre, è fondamentale che le scuole e le aziende integrino la lingua nei loro piani di studio, poiché un gran numero di studenti desidera cercare lavoro nel settore tecnologico.

Compiti di routine

Python potrebbe anche aiutare i non programmatori, come i gestori dei social media e i giornalisti, semplificando i loro compiti abituali. Python può essere utilizzato per aggiornare automaticamente le liste di fornitura, spostare i dati da file di testo a fogli di calcolo e tenere traccia dei valori delle scorte, tra le altre cose.

Abilitato da Iota, l'Internet of Things (Iota) è una vasta rete di dispositivi e tecnologie interconnessi che consentono le comunicazioni tra i dispositivi e il cloud. Esempi famosi di Iota sono:

La casa intelligente

Tracker di attività per veicoli connessi

Tecnologia indossabile con realtà aumentata.

Ad una comunità molto caritatevole.

Uno dei linguaggi di programmazione più antichi e popolari da allora. Ciò gli ha permesso di creare una vivace comunità di sviluppatori e programmatori. Gli studenti che studiano Python hanno il supporto di cui hanno bisogno per apprendere facilmente le competenze richieste dal settore e ricevere una formazione adeguata.

Continuità e flessibilità

Python è un linguaggio flessibile che offre ai programmatori molto spazio per sperimentare nuove idee. Gli esperti di Python non si accontenteranno dello status quo; Cercheranno di sviluppare nuovi processi, tecnologie o applicazioni. Gli sviluppatori possono concentrarsi sull'apprendimento di una singola lingua e sfruttare appieno le proprie competenze, garantendo loro l'indipendenza e la flessibilità di cui hanno bisogno.

Guida all'installazione e alla configurazione di Python 3

Integrazione Python su Windows

Esistono cinque tecniche di installazione in Windows:

Google Play Store

L'installazione Linux completa per il sottosistema Windows.

In questa sezione imparerai come verificare se Python è installato sul tuo computer Windows. Imparerai anche quale delle tre tecniche di installazione dovresti scegliere. Per istruzioni di configurazione più dettagliate, consulta il tutorial "Il tuo ambiente di codifica Jingo su Windows: configurazione".

Come determinare la versione di Python su Windows

Per determinare se Danto è già installato sul tuo PC Windows, utilizza un software da riga di comando come PowerShell.

Come suggerimento, ecco come avviare PowerShell:

Premi Win, quindi digita PowerShell per iniziare.
Inserire la chiave.
Facendo clic con il pulsante destro del mouse sul pulsante Start è possibile scegliere tra Windows PowerShell e Azure PowerShell (amministratore).
Puoi anche utilizzare Terminale Windows o cmd.exe.

Nota: per ulteriori informazioni sulle opzioni del terminale

Windows, vedere Utilizzo del terminale in Windows.

Apri la riga di comando, digita il seguente comando e premi Invio:

il comando "python --Python versione 3.8.4"
Puoi vedere la versione installata utilizzando l'opzione --version. In alternativa, puoi utilizzare l'opzione -V:

Python -V 3.8.4 può essere trovato in C:
In ogni caso, se vedi una versione inferiore alla 3.8.4, che era la versione più recente al momento in cui scriviamo, dovresti aggiornare la tua installazione.

Le due istruzioni sopra avvieranno Microsoft Store e ti porteranno alla pagina dell'app Python se non hai già una versione di Python installata sul tuo computer. Nella parte successiva imparerai come completare l'installazione da Microsoft Store.

Se sei curioso, puoi utilizzare il comando Where.exe in PowerShell o cmd.exe per trovare il percorso di installazione:

Qual è la sintassi in Python?

Tutti i principi utilizzati per costruire frasi nella programmazione Python sono definiti dalla sintassi Python.

Ad esempio, per comprendere la lingua inglese, dobbiamo studiare la grammatica. Allo stesso modo, per padroneggiare il linguaggio Python, bisogna prima studiarne e comprenderne la grammatica.

Un esempio di sintassi in Python

La chiara struttura grammaticale di Python contribuisce alla sua popolarità.

Puoi farti un'idea di come sia la programmazione Python dando una rapida occhiata a una semplice applicazione Python.

Utilizza un semplice programma Python per verificare se una persona ha diritto a votare.

print("Inserisci il tuo nome:") dopo aver ottenuto il nome utente.

Ottieni l'età dell'utente print("Inserisci la tua età:") name = input()

età è uguale a int (input())

Se (età >= 18), determinare se l'utente è autorizzato o meno:

print(nome, "può votare".

In alternativa: print(nome, 'non idoneo al voto.')

Strutture dati Python

accessibili più rapidamente a seconda della situazione. La componente fondamentale di ogni linguaggio di programmazione e la base di ogni **elenco.**

Il programma è la struttura dei dati. Python è più facile da imparare rispetto ad altri linguaggi di programmazione quando si tratta di comprendere i principi di queste strutture dati.

Le liste in Python sono come le tabelle in altri linguaggi, ovvero raccolte di dati presentate in modo ordinato. Un elenco è molto flessibile perché i suoi componenti non devono essere dello stesso tipo. Le liste in Python sono simili ai vettori in C++ o alle liste di matrici in Java. L'azione più costosa consiste nell'aggiungere o rimuovere un membro dalla cima dell'elenco, perché tutti i componenti devono essere spostati. Il costo per l'eliminazione o l'inserimento alla fine dell'elenco può aumentare se la RAM appena allocata è completamente esaurita.

Per illustrare, creare un elenco Python

Lista = print(Lista) [1, 2, 3, "GFG", 2.3].

tupla

Una tupla Python è una raccolta di oggetti Python, simile a una lista, tranne per il fatto che le tuple sono intrinsecamente immutabili, il che significa che i loro componenti non possono essere modificati o aggiunti una volta generati . Una tupla può avere componenti di diverso tipo, simili a una lista.

Utilizzando una "virgola" per dividere una serie di valori, o con o senza l'uso di parentesi per organizzare la sequenza di dati, crea una tupla in Python.

È anche possibile creare tuple da un singolo elemento, ma è più difficile. Un elemento tra parentesi non è sufficiente; Per convertirlo in una tupla, è richiesta la seguente "virgola".

Esempio: operazioni su tuple Python.

Le stringhe vengono utilizzate per creare una tupla.
Tupla = ('Geeks', 'For') print("Usa una stringa in una tupla:")
stampa (tuple)

Lista1 = [1, 2, 4, 5, 6] print("Tupla usando Lista:") crea una tupla usando una lista.
Tupla è uguale a Tupla(lista1).

Usa l'indicizzazione per accedere a un elemento print ("Primo elemento della tupla")
stampa (Tupla [0])

Accedi all'ultimo elemento di una tupla utilizzando l'indicizzazione negativa print("Ultimo elemento della tupla") print(Tuple[-1])

print ("Terzo penultimo elemento della Tupla")
stampa (tupla[-3])
Gli array di stringhe Python di byte che rappresentano i caratteri Unicode formano stringhe. Una stringa può essere pensata come una raccolta immutabile di caratteri. Un singolo carattere in Python è solo una stringa di lunghezza 1 perché non esiste un tipo di dati carattere.

Poiché i canali non possono essere modificati, viene creato un nuovo canale.

Tipi di operatori Python: il linguaggio di programmazione Python supporta i seguenti tipi di operatori.

Operatori di confronto (operatori di relazione) per l'aritmetica
Operatore del compito
Operatori intelligenti
Operatori di bit
Titolari di abbonamento
Operatori individuali
Diamo una rapida occhiata a ciascun operatore a turno.

Operatori aritmetici in Python
Operatori eseguiti da Python. Queste operazioni includono addizione, sottrazione,

moltiplicazione, divisione, modulo, esposizioni e divisione del pavimento.

Esempio di nome operatore + addizione Sottrai 10 da 20 per ottenere 30Moltiplicazione: 20 - 10 = 10Divisione di 10 * 20 = 20020 / 10 = 2%Divisione modulo Terra 22% 10 = 2 Esponente 4**2 = 169/ /2 = 4

Operatori di confronto in Python

I valori su entrambi i lati di un operatore di confronto in Python vengono confrontati per determinare la loro relazione. Gli operatori di confronto sono un altro nome per loro. Questi operatori sono uguali, non uguali, maggiori di, minori di, maggiori o uguali a e minori o uguali a.

Esempio di nome operatore != Diverso da 4 != 5 è vero. == Uguale a 4 == 5 non è vero. Questo non è vero: maggiore di 4 > 5.

Meno di 4 su 5 sono vere. Non è vero che 4 >= 5 o maggiore o uguale a 4.

Se 4 è minore o uguale a 5, allora 5.

Operatori di assegnamento in Python

Alle variabili possono essere assegnati valori utilizzando gli operatori di assegnazione Python. Questi operatori includono operatori di assegnazione di base, nonché operatori di addizione, sottrazione, moltiplicazione, divisione e assegnazione.

Un esempio di nome di operatore è "assegnazione". Assegnazione a += 5 (Uguale a a = a + 5) Operatore a = 10 +

Problema di sottrazione: a -= 5 (uguale a = a - 5)

Problema di moltiplicazione: a *= 5 (uguale a = a * 5)

Problema di divisione: a = a/5 (chiamato anche a = a/5)

Assegnazione %= resto a%= 5 (pari a aa = a%)

Assegna l'esponente a = 2 (noto anche come a = a**2)

Assegnazione della divisione del piano an uguale a 3 (ovvero a = a // 3)

Operatori bit a bit in Python

Gli operatori bit a bit funzionano bit per bit e manipolano i bit. Consideriamo il caso in cui a = 60 e b = 13. In questo caso, i loro valori in forma binaria sarebbero rispettivamente 0011 1100 e 0000 1101. Gli operatori bit a bit consentiti nel linguaggio Python sono elencati nella tabella seguente insieme a un esempio. decennio. Usiamo le due variabili sopra menzionate (aeb) come operandi.

Operatori logici in Python

Il linguaggio di programmazione Python supporta i seguenti operatori logici. Supponiamo che la variabile a contenga 10 e la variabile b contenga 20,

Operatori di appartenenza in Python

Gli operatori di appartenenza in Python controllano se esiste una sequenza di elementi, come stringhe, elenchi o tuple. Come descritto di seguito, ci sono due operatori di abbonamento.

Moduli

Un file Python con il suffisso.py che può essere importato in un altro programma Python è chiamato modulo.

Il nome del modulo viene sostituito con il nome del file Python.

1) Le definizioni delle classi e la loro implementazione sono incluse

nel modulo. 2) variabili; e 3) Funzioni utilizzabili internamente.

Lavorare con i moduli rende il codice riutilizzabile, il che è un vantaggio dei moduli.
Semplicità: invece di concentrarsi sull'intero argomento, il modulo si concentra su un suo piccolo aspetto.
Ambito: per evitare conflitti di ID, un modulo specifica uno spazio dei nomi univoco.

Configura un modulo

Crea un modulo con una singola funzione
Questo software crea una funzione chiamata "Modulo" e la salva in un file chiamato Yashi.py (il nome del file più il suffisso.py).

Crea un modulo con una varietà di funzionalità.

Abbiamo sviluppato quattro funzioni di addizione, moltiplicazione, sottrazione e divisione in questa applicazione.

Assegnare al documento il nome Operations.py

Caratteristiche

Una funzione è un pezzo di codice che viene eseguito solo quando viene chiamato. È possibile fornire parametri (dati) a una funzione.

Di conseguenza, una funzione può restituire dati.

Varie funzioni

1. Funzioni personalizzate: le funzioni personalizzate sono quelle che sviluppiamo noi stessi per eseguire un'attività specifica.

Come puoi vedere nel file di esempio Yashi.py sopra, abbiamo creato la nostra funzione per eseguire alcune operazioni.

Vantaggi delle funzioni personalizzate

Le funzioni personalizzate semplificano la comprensione, la manutenzione e il debug dei programmi suddividendoli in sezioni gestibili.
quando un programma ha codice ripetitivo. Questi programmi

possono essere inseriti in una funzione che può essere richiamata per l'esecuzione quando necessario.

Spiega il termine "programmazione orientata agli oggetti".

Il paradigma della programmazione orientata agli oggetti (OOP) per la programmazione dei computer organizza la progettazione del software in base a dati o oggetti piuttosto che a funzioni e logica. Un campo dati che presenta determinate caratteristiche e comportamenti è chiamato oggetto.

Nell'OOP, l'attenzione è più sugli oggetti che i programmatori vogliono manipolare che sulla logica necessaria per farlo. Le applicazioni complesse, di grandi dimensioni e frequentemente aggiornate o mantenute sono adatte a questo stile di sviluppo. Ciò include software di progettazione e produzione, nonché applicazioni mobili. Ad esempio, è possibile creare software di simulazione del sistema utilizzando la programmazione orientata agli oggetti.

A causa della struttura del software orientato agli oggetti, la strategia è vantaggiosa nello sviluppo collaborativo quando i progetti sono divisi in gruppi. La programmazione orientata agli oggetti offre anche i vantaggi di efficienza, scalabilità e riutilizzo del codice.

Cosa include la gestione dei file Python?

Oltre a creare, aprire, aggiungere, leggere e scrivere, Python supporta anche...

La gestione dei file è un'attività comune durante la programmazione. I metodi integrati di Python per generare, aprire e chiudere i file semplificano la gestione dei file. Quando un file viene aperto, Python consente anche varie azioni sul file, come leggere, scrivere o aggiungere dati.

In che modo Python gestisce le operazioni sui file?

- Utilizza il metodo open() di Python per aprire un file

- "r": questa modalità indica che il file è disponibile solo per la lettura.
- La modalità "w" indica che il file è aperto solo per la scrittura. ...
- L'output di questo programma viene aggiunto all'output precedente di questo file, come indicato dalla modalità "a".

Che cosa sono il debug e la gestione degli errori?

Pertanto, la gestione degli errori è un modo per impedire che un errore potenzialmente devastante interrompa un programma. Invece, la tua app può avvisare l'utente in modo molto più amichevole quando si verifica un problema, consentendoti al tempo stesso di

mantenere il controllo del programma.
Cosa intendi per gestione degli errori?

Gestione degli errori nella progettazione del compilatore

Ogni problema deve essere rilevato e segnalato all'utente. È quindi necessario sviluppare e attuare un piano di ripristino per risolvere il problema. La velocità di elaborazione del programma non dovrebbe essere lenta durante l'intero processo. Il rilevamento degli errori è una funzione di un gestore di errori.

Cosa sono le API e le librerie?

Una libreria è una raccolta di applicazioni che eseguono insieme attività correlate o lo stesso lavoro in gruppi. In poche parole, una libreria sembra un grosso pezzo di codice. Un'API è l'interfaccia che usi per interagire con un altro sistema, che potrebbe essere una libreria. Un'API viene solitamente visualizzata come un gruppo di metodi e funzionalità.

Cosa comporta l'utilizzo delle API?

Ma siamo così felici che tu l'abbia chiesto! Le API sono una parte essenziale del nostro mondo digitale, consentendo miliardi di esperienze digitali ogni minuto di ogni giorno. L'acronimo API sta per "Application Programming Interface". Le API sono un tipo di interfaccia software che consente a due applicazioni di comunicare tra loro.

Analisi dei dati Python

L'analisi dei dati è il processo di raccolta, elaborazione e organizzazione dei dati per fare previsioni sul futuro e prendere decisioni informate basate sui dati. È utile anche ricercare possibili risposte ai problemi aziendali. L'analisi dei dati è divisa in sei fasi. Come segue:

Richiedere o facilitare le richieste di dati

Preparazione o raccolta dei dati, pulizia, elaborazione, analisi, condivisione, reporting.

- Quali sono le sette fasi dell'analisi dei dati?
- Per valutare correttamente i dati, attenersi alla seguente procedura:

- Decidi un obiettivo. Innanzitutto, determina gli scopi e gli obiettivi principali della tua analisi dei dati.
- Seleziona il tipo appropriato di analisi dei dati che desideri utilizzare.
- Determinare una strategia di raccolta dati.
- Raccogli i dati e poi puliscili.
- Analizzare le informazioni.
- Vedi le informazioni.
- Ricerca descrittiva.

Come puoi usare Python per accedere a SQL?

Il driver ODBC per SQL Server consente di connettersi a SQL Server da Python.

Per favore fai prima il log in. pock nan = pyodbc.connect import('DRIVER=Dearth ODBC

Driver for SQL Server'; Server: My Server; Database: My Database; Porta: My Port; ID utente: My Ushered; Password: La mia password supera ')

Il secondo passo è inserire una riga.

Passaggio tre: eseguire la query.

In che modo Python accede a un database MySQL?

Connessione Python a un database MySQL

Installa il modulo di accesso per MySQL. La connessione MySQL di Python può essere installata utilizzando il comando pip.

Installa il modulo di accesso MySQL.

Utilizza la tecnica connect().

Utilizzare la funzione Cursore( ).

Utilizzare la funzione run().

Ottieni il risultato con fetchall().

Chiudere la connessione e gli oggetti cursore.

50

Python ha il suo posto nello sviluppo web?

Python consente ai web designer di creare siti Web utilizzando vari paradigmi di programmazione. Ad esempio, è adatto sia per la programmazione funzionale (FP) che per la programmazione orientata agli oggetti (OOP). Il nostro articolo su FP e OOP spiega le differenze tra i due.

Python è un linguaggio bellissimo. Le regole sono brevi, semplici e divertenti da imparare. Sebbene sia una scelta popolare per i principianti, Python è anche abbastanza potente da gestire alcuni dei prodotti e delle applicazioni più conosciuti al mondo di aziende come NASA, Google, IBM, Cisco, Microsoft e Industrial Light & Magic, tra gli altri

.

Python eccelle in diverse aree, incluso lo sviluppo web. I numerosi framework offerti in Python includono Bottle.py, Flask, CherryPy, Pyramid, Django e web2py. Questi framework sono utilizzati da alcuni dei siti Web più famosi al mondo, tra cui Yelp, Mozilla, Reddit, Washington Post e Sportily. Le lezioni e gli articoli in questa sezione trattano gli approcci allo sviluppo di applicazioni web Python, concentrandosi su come sviluppare soluzioni praticabili a problemi per i quali le persone comuni hanno davvero bisogno di aiuto.

Vantaggi di Python

- Python è facile da usare e da imparare per i nuovi utenti. Questo linguaggio di programmazione di alto livello ha una sintassi paragonabile a quella dell'inglese. Questi fattori rendono la lingua più facile da imparare e a cui adattarsi. Rispetto a Java e C, Python richiede meno righe di codice per ottenere lo stesso risultato. I concetti di Python possono essere applicati più rapidamente rispetto a quelli di altri linguaggi perché sono più facili da apprendere.

- Risultato migliorato: il linguaggio Python è abbastanza efficiente. Grazie alla sua semplicità, gli sviluppatori possono concentrarsi sulla risoluzione dei problemi Python. Viene svolto più lavoro perché gli utenti non devono dedicare ore a studiare la sintassi e le caratteristiche del linguaggio di programmazione.

- Flessibilità: gli utenti possono provare cose nuove perché questo linguaggio è molto versatile. Gli utenti possono creare vari nuovi tipi di applicazioni utilizzando il linguaggio di programmazione Python. La lingua non impedisce all'utente di provare cose uniche. Python viene utilizzato più frequentemente in determinati contesti rispetto ad altri linguaggi di programmazione perché offre maggiore libertà e flessibilità.

- Libreria di grandi dimensioni: quando si utilizza Python, l'utente ha accesso a un'enorme libreria. L'ampia libreria standard di Python ha praticamente tutte le funzionalità di cui si potrebbe aver bisogno. Ciò è dovuto al forte sostegno della comunità locale e ai finanziamenti aziendali. Gli utenti che utilizzano Python non utilizzano librerie esterne.

- è stato sviluppato molti anni fa e dispone di una comunità consolidata che può aiutare gli sviluppatori di tutti i livelli di esperienza, dai principianti agli specialisti. Gli sviluppatori possono apprendere il linguaggio di programmazione Python in modo più rapido e approfondito grazie ai manuali, ai tutorial e alla documentazione completi del linguaggio. Grazie alla sua comunità di supporto, Python è cresciuto più velocemente di altri linguaggi.

Gli svantaggi di Python

Abbiamo già visto diversi motivi per cui Python è un'opzione praticabile per il tuo progetto. Ma se scegli questa strada, dovresti tenere d'occhio anche i risultati.

- Ora diamo un'occhiata alle limitazioni di Python rispetto ad altri linguaggi.

- Limiti di velocità
- Come abbiamo visto, il codice Python viene eseguito riga per riga. Tuttavia, poiché Python è un linguaggio interpretato, le prestazioni sono spesso lente.

- Tuttavia, a meno che la velocità non sia un elemento chiave del progetto, questo non rappresenta un problema.

- 2. Browser scadenti e mobile computing
- Python è un ottimo linguaggio lato server, ma è molto meno comune lato client.

- Inoltre, viene utilizzato raramente per creare

applicazioni per smartphone. L'app Carbonnelle ne è un esempio.

- Nonostante la presenza di Brython, è meno conosciuto a causa della mancanza di un'adeguata sicurezza.

- Limitazioni di progettazione
- Come sai, Python utilizza la digitazione dinamica. Pertanto non è necessario impostare il tipo di variabile durante la scrittura del codice.

- Colpisci con un'anatra. Ma cos'è ? In termini semplici, ciò significa che tutto ciò che assomiglia a un'anatra deve esserlo.

- Sebbene ciò semplifichi la codifica per i programmatori, possono verificarsi errori di runtime.

- 4. Livelli di accesso al database insufficienti
- I livelli di accesso al database di Python sono alquanto immaturi rispetto alle tecnologie più popolari come JDBC (Java DataBase Connectivity) e ODBC (Open DataBase Connectivity).

- Ciò significa che viene utilizzato meno frequentemente nelle aziende più grandi.

- 5. Di base

- No, non stiamo scherzando. La semplicità di Python può essere uno svantaggio. Pensa a quello che ho fatto. Sono più interessato a Python che a Java.